아무르 강

우리시대 현대시조선
124

아무르 강

김 윤 시집

고요아침

■ 시인의 말

시를 쓴지도 두어 번의 강산이 바뀌었다.
시를 쓰지 않았다면
이 변화무쌍한 세상살이를
어떻게 견디낼 수가 있었을까?

2019년 11월
김 윤

■ 차례

시인의 말　　　　　　　　　　05

제1부

천수만 청둥오리　　　　　　　13
맨발의 춤　　　　　　　　　　14
불꽃놀이　　　　　　　　　　　15
설산의 바람　　　　　　　　　16
춘설春雪　　　　　　　　　　　17
청계천 비가　　　　　　　　　18
구로역 3번 출구　　　　　　　19
광화문의 달　　　　　　　　　20
팥배나무　　　　　　　　　　　21
글레디에이터　　　　　　　　　22
광화문 진달래　　　　　　　　23
사그라다 파밀리아 성당　　　　24

제2부

아무르강	27
여름의 자서自敍	28
극락조의 춤	29
나비를 찾다	30
달빛에 감기다	31
도시의 에트랑제	32
봄날 해넘이	33
빈 집	34
승무, 혹은 솔부엉이	35
적막寂寞	36
도시 어부들	37
시베리아 산 보석	38

제3부

광화문에서 길을 묻다   41
반도체   42
달에게 말 걸기   43
종로 아리랑   44
비 오는 날 지하철   45
왕관의 눈물   46
지진地震   47
지구 찾아온 별   48
칼의 서슬   49
타오르는 불꽃   50
이방인   51
테슬라   52

제4부

아비뇽의 다리	55
청동의 도시	56
바람소리	57
씻김굿	58
눈꽃	59
유월의 땅	60
늦가을 점묘點描	61
배롱나무 꽃등	62
굴레	63
연어의 가을	64
꽃의 비밀	65
마장동 불꽃놀이	66

제5부

알함브라 궁전	69
마리 앙투아네트	70
인터라켄에 누워	71
스페인 광장	72
쑥부쟁이	73
도시의 황진이	74
밤에 우는 매미	75
봄	76
봄, 길상사	77
혹등고래	78
타지마할	79
무너지는 서녘	80

■ 자전적 시론_불을 끄면 시조가 뒤돌아보고   81

1부

천수만 청둥오리

지축을 뒤흔드는 수만 개 북 두드린다
오색 깃발 나부끼는 천수만 대형 스크린
지고 온 바이칼호의 눈발 털어놓는 오리 떼

아무르강 창공 넘어 돌아온 지친 목청
오랜 허기 채워 줄 볍씨 한 톨 아쉬운데
해 짧아 어두운 지구 먼 별빛만 성글어

민들레 솜털 가슴 그래도 활짝 열고
야윈 목 길게 뽑아 힘겹게 활개 치며
살얼음 찰랑 가르고 화살처럼 날아든다

맨발의 춤

배꽃같이 싱그럽고 풋풋했던 울 어머니
더 이상 어떤 곳도 두려움 없는 발길
식탐만 느루 남아서 아이처럼 떼를 쓴다

놓아버린 일상 속 지워지고 없는 시간
영롱했던 눈빛이며 말문도 이미 닫고
잦아든 마른 숨결이 깃털처럼 가볍다

줄어든 삭은 해머 처연한 모정으로
멈출 듯 움직이는 안타까운 맥박만
꿈처럼 깊이 잠든 몸 바람결에 흔들린다

불꽃놀이

이데아 그물에 갇힌 항아리를 깨부술까
물레를 다시 돌려 새 옹기를 빚어낼까
주술을 아예 멈추고 붉은 굿판 접어라

눈발 펑펑 쏟아져서 숨탄것들 다 재우고
하얗게, 새하얗게 덧칠하는 어두운 장막
온 세상 꽁꽁 얼어라, 가슴 속도 죄 얼어라

불꽃 핀 밤과 밤들, 아우성치며 오는 아침
두려움 끝내 못 감추고 무너지는 시간 너머
긴 침묵 부리를 헐고 새벽 종소리 울리려나

설산의 바람

레만호 물길처럼 짙푸른 하늘가에
민들레 솜털 향기 바람결에 묻어오고
연녹색 수채화 물감 마른 가지 적신다

피레네 높은 설산 저 멀리 앉아 졸고
대서양 운무 따라 머리 푸는 해풍인가
끝없는 포도밭 이랑 이베리아반도 감고 있다

어쩌랴, 톈산은 멀고 코 막는 베이징 낙진
안타까운 서울 거리 마스크 행렬 속에
아기들 산기침소리 이명인 양 들려 온다

춘설 春雪

봄눈 내려
흰 매화꽃 뵈지 않으나
매향梅香은 창가에 닿고

시린 코끝
옷깃 여민다
눈꽃 같은 창 닫지 못해

휘이잉 보일러 돌아
때 낀 손톱
간지러운 봄

청계천 비가

의자 밑에 들러붙어 끈적이는 껌의 잔해
젖은 양말 한 짝이 뒹구는 광장에 서면
따가운 말의 난장에 핏발선 동공 풀린다

바람에 멱살 드잡힌 입간판 나동그라져
형광등이 껌벅 껌벅 파르르 경련 앓고
견고한 의식의 감옥 서로 헐리지 않아

덕수궁 돌담까지 치밀어온 분노의 바다
파도는 파도대로 발 앞에서 뒤엎어지고
용솟는 거대한 물결 허연 거품 게워낸다

허기진 육신 칼바람 휘감기는 옷깃 여며
썰렁하게 웃음 짓는 허접한 종로 뒤안길
마른 침 삼키는 빌딩 사이 청계천은 흐른다

구로역 3번 출구

자석 위 쇳가루가 흩어졌다 모이듯이
한순간 뭉치었다 낱낱 흩는 뭇사람들
기차는 7시 50분에 어김없이 떠나간다

여왕벌 섬기고 시는 충직한 일벌처럼
윙윙 뭉쳐 날아가는 가방과 구두들이
어느 역 정류장에서 서로, 따로 갈 것인가

허방 속에 허덕이고 유혹에 끌려가는
쳇바퀴 돌고 도는 부질없는 반복회로
철 지난 가면의 본능 영영 벗지 못한다

광화문의 달

들불처럼 번져간다 종이컵 불꽃들이
쇠줄 같은 권력 앞에, 대거리 함성 앞에
저 멀리 은빛 종소리 누굴 위해 울리는가

무소불위 영의정도, 신사임당 초상화도
콘크리트 벽을 미는 여론몰이 폭발성에
맥없이 고개 떨구는 옛 군주의 뒤태 같다

앞 뒤 막힌 푸른 집은 절대 부패 온상인가
송두리째 짓밟히는 장삼이사 심장 위로
눈부신 목련꽃송이 달빛에 흔들린다

팥배나무

입동 지난 수풀 속에 팥배나무 앙상하다
딱딱한 붉은 열매 산새들도 외면하는지
냉기 찬 적막 속에서 시린 발 떨고 있다

잎눈 뜨는 지난봄은 푸르고 따뜻했다
움츠리는 산언저리 죽은 듯이 침묵하고
햇살도 부스럭대다 눈발 이고 서성인다

먼 도심 쩡쩡 울린 함성의 긴긴 메아리
서로 다른 목청으로 붉은 깃발 뒤흔들고
겨울 산 팥배 열매가 광화문에 흐드러진다

글레디에이터

가로수에 걸려 있는 바람도 우는 거리
상처 난 자존심을 허리춤에 묶어 놓고
어깨 위 먼지를 털며 굳은 표정 감춘다

입으로 불던 연기 자유롭지 못한 길에
대파 한 단 감자 한 알 그마저 부담되고
관능미 눈 흘긴 거리, 광장의 검투사들

훈장인 듯 계급장인 듯 목청 세운 얼굴로
사람과 사람 사이 금줄 하나 그어놓고
저마다 광장에 앉아 혀의 칼을 갈고 있다

광화문 진달래

폐렴 앓고 가르랑대는 도시의 그 한복판
꽃샘바람 전서구傳書鳩가 옷깃 스쳐 지나간다
늘리고 보탤 것 없는 옹색한 봄 화단에도

굶네 믹네 엄살해도 줄지 않는 햇발 지고
기울어진 시간 속을 바장이는 종로에서
맨발의 무희舞姬처럼 춤을 추는 꽃덤불

거리엔 봄빛이 술렁, 화냥기로 술렁이고
맞은 편 빌딩 그늘로 숨어든 은유의 언어
깔깔깔 헐렁하게 웃는 마네킹의 유혹이다

녹물 묻어 오그라든 가로수 옆 빈터에는
땅의 살갗 파충류처럼 껍질을 벗겨내고
두 눈에 별똥 튀도록 화들짝 핀 진달래다

사그라다 파밀리아 성당

실과 추로 수평 맞춘 광채 나는 조각 작품
언제 봐도 신비스런 가우디 숨결 따라
사계절 수많은 인파 물밀듯이 출렁인다

입신 경지 다다른 한 건축가의 집념인가
이구동성 감탄하는 저 찬란한 돌의 형상
참회의 무릎을 꿇고 머리 숙여 기도한다

예술 빌어 역사하는 찬란한 신의 은총
백년을 건너뛰고 천년 또한 앞지르는
놀란 입 쉬 못 다물고 그 감동에 전율한다

2부

아무르 강

우물 속 이끼처럼 축축한 시간 저편
투망에 발목 잡혀 꼼짝 못한 겨운 날에
어둠을 더듬는 낮달 애운함을 감춘다

해거름 아무르 강 목 놓아 울던 그때
바람결에 묻어오는 마두금 절절한 소리
전갈의 춤사위 같던 사랑도 끝이 났다

흘러간 모든 것은 물그림자 남기는가
값지고 소중한 쓸모 그에 그리 나눠주고
물안개 거두는 햇살, 무지개가 눈부시다

여름의 자서 自敍

혀끝을 수십만 번 풀무질하는 젓가락
닳고 닳아 사라져 간 시간의 그림자는
숫돌 위 칼날이 되어 베일 듯 번득인다

식탁 너머 쪽문 열면 푸르게 펼쳐진 하늘
젊은 날 섧고 아렸던 그 숱한 편린 뒤로
아버지 은수저 한 벌 강물 따라 흐른다

유년은 바람결에 뚝뚝 지는 꽃잎처럼
산 자의 뒤안길로 목이 메어 사라지고
울창한 여름나무들 비망록을 쓰고 있다

극락조의 춤

황금 깃털 저 극락조 현란한 춤 보셨나요
귀족들 모자치장에 사라진 전설의 새
화려한 그 장식 뒤로 서슬 퍼런 칼날 감춘

인문학적 수사 뒤에 숨어있는 두 갈래 길
날 새운 대립각에 앙숙인 양 등 돌리고
사라진 극락조처럼 슬픈 우리 춤사위

나비를 찾다

입김도 얼어붙는 썰렁한 도시 한복판
칼바람 추위 속에 냉장된 군상들이
칙칙한 미세먼지에 꼼짝없이 갇혔다

한 발짝 어느 곳도 옴짝 못할 스모그에
가까이 다가서면 이념의 덫 차일 치듯
쇳소리 목청 세우며 마른 입술 뜯고 있다

잔뜩 켕긴 긴장감에 뻑뻑해진 어깻죽지
저마다 불안의 눈빛 맹수처럼 번뜩인다
혹한의 겨울 끝자락 봄 나비는 어디에?

달빛에 감기다

휘영청 달무리 진 허공 속 얼굴 하나
지평 끝 수놓으며 흐드러진 꽃길 따라
가쁜 숨 몰아쉬면서 다가오는 음성 있다

바람결에 묻어오는 애절한 마두금 소리
밤 지새운 뻑뻑한 눈 살포시 감겨주듯
우리도 한 쌍 새처럼 살 비벼 살 수 없나

아스라이 유혹하는 황홀한 은빛 실루엣
젊은 날 먹빛 자국 되새기는 길목에 서면
휘이~휘 위안의 몸짓 환영처럼 일어난다

도시의 에트랑제

헛헛함 지우려고 광장에 모인 사람들
만날 사람 없는 이도 광장을 서성인다
큰 깃발 펄럭거리는 도심의 한 복판에

근육질 과시하는 어깨 넓은 남자들과
섹시함 돋보이게 가슴 드러낸 여자들
화려한 불빛 아래서 마스게임 펼친다

비올라 선율에 젖은 길거리 저 공연장
중년 여인 하늘하늘 리듬 타는 쥘부채에
이방인 눈길을 놓고, 얼혼을 다 빼앗긴다

봄날 해넘이

쎈비구름 몰아내고 붉디붉은 하늘가로
어스름 초저녁을 붓질하는 저 바람결
수은등 싸늘한 불빛 팝콘 튀듯 터진다

덧없는 하루하루 어제인가 오늘인가
메마른 땅 들뜬 각질 봄 입김 재촉해도
아직은 회색빛 숲속 땅거미도 하마 숨었나

온종일 짓눌렀던 천근만근 어깨 위로
먼 산에 날개 접는 부엉이 가쁜 숨결
뻐꾹새 딱새 둥지를 훔쳐보는 봄날 저녁

빈 집

된장독 둘러앉은 우물가 장독대에
붉은 감 혼자 익다 떨어지는 마당 어귀
할머니 손때 얼룩진 장지문 덜컹댄다

오래된 장작더미 버석버석 더께 같고
까르르, 수저통 가득 형제들 웃음소리
뜨락의 담쟁이 넝쿨 툇마루 감고 있다

승무, 혹은 솔부엉이

깃털보다 가벼웁게 흰 몸짓 떠올라라
고깔 속 그렁그렁 남 볼까 감춘 눈물
까치발 사뿐히 들고 나비처럼 날아라

미친 듯 두드리는 바라소리 요란해도
가슴 저민 서러움, 풀길 없는 그 앙금을
산사의 짧은 여름 밤, 솔부엉이 울고 있다

적막寂寞

자전을 멈춘 듯한 적막한 새벽녘 지구
고요함 잘라내는 온수매트 펌프소리
싱크대 작은 창 너머 가로등 졸고 있다

불현듯 들려오는 다급한 앰뷸런스
수심 깊은 물속처럼 별빛도 사그라진
어둠을 지키던 입술 파르르 떨고 있다

도시 어부들

관능의 춤 난무하는 항구의 뒷골목
사람과 사람 사이 단절된 이야기를
엮어 줄 화려한 간판, 성글게 유혹한다

돌비석 냉기처럼 차가운 세상살이
침 튀는 취중진언 진실이 담겨있어
흠집난 생채기들이 봄눈처럼 녹아든다

검은 바다 갯내음에 우울증 털어내고
바람과 햇볕에 영글어진 천일염도
처얼 석 출렁인 물결, 그물 힘껏 던져라

시베리아 산 보석

눈 덮인 적막강산 황량한 숲길 따라
제 숨소리 가늠하듯 조심스런 발길로
지상의 가장 비싼 옷 휘어 감고 살고 있다

섬광의 눈 반도체보다 예민한 귀 쫑긋하고
십리 밖 냄새도, 낙화하는 꽃향기도
순간에 감지한 후각, 신비한 영물이다

그 은밀한 숲속을 엿보는 인간의 탐욕
졸부들 끝없는 사치로 멸종되는 호랑이
황금색 가죽무늬에 인간의 눈 멀어있다

3부

광화문에서 길을 묻다

부르튼 발목으로 아스팔트 서성이다
나목마저 불꽃 감은 용궁 같은 광화문
만 갈래 빛의 미로에서
문득 길을 잃었다

흙먼지 낙진처럼 흩날리는 골목 어귀
놓쳐버린 길목에서 시들부들 녹슬다
줄줄이 삭아 내리는
철문 같은 나를 본다

젖은 구두 말려줄 바람이 눈 뜨는 거리
세종로 후미진 길 마른 숨을 고르며
반갑게 꽃잎 물고 올
봄빛 삼가 기다린다

반도체

광활한 사구 넘어, 먼지 이는 풍광 너머
어린 왕자 꽃밭인 양 보물을 감춰둔 땅
흑진주 유전을 품은 모래사막 출렁인다

모래알 끓어 넘친 고열의 불가마 속
반도체로 변할 모래 타오르는 푸른 불꽃
사람과 사람을 잇고 마을과 마을 잇는다

뚜뚜 뚜 엄지족들 유투브에 무아지경
야동을 공유하며 흥분을 못 감추는데
세 살 난 고사리 손도 뽀로로 누르고 있다

달에게 말 걸기

알록달록 오방색상 온갖 등불 모여있다
속내 모를 반짝거림, 의미 모를 표정으로
모처럼 마주한 사촌들 명절인사 건넨다

멜론이니 거봉이니 풍요로운 과일만큼
뭐라 뭐라 말도 못할 울컥 치미는 가슴
내 안의 무거운 저울이 두 근 반, 세 근 반

혼자서도 눈길 주는 맵시 나는 자판 속에
에서 제서 번득이는 화면 속 에로티시즘
끈질긴 생의 한복판 저 달에게 윙크한다

종로 아리랑

앞무릎 다 드러난 찢어진 청바지 속
금빛 비늘 훈장인양 빛바랜 세월 너머
해거름 어슬렁대는 갈기 뜯긴 사자 같다

옛 것은 다 적폐인가 아귀다툼 끊임없고
노인이 가난한 나라, 목쉰 구호 넘쳐나
한 그릇 선지국밥이 부담스런 지갑이다

진화하는 인공지능 쏟아지는 새 문물에
우월한 종족만이 살아남는 무대인가
붐비는 종로 한길에 길게 눕는 실루엣

비 오는 날 지하철

장대비 옷섶 적셔 질척한 퇴근길에
도마뱀 줄을 긋듯 빠져 가는 지하철
네 눈에 너의 눈 싣고 한강 저리 흐른다

넌더리 낸 비도 그어 웃날이 드는 걸까
이동하는 철새 떼 무리 트인 하늘 날아
물먹은 우산 자바라 문 닫듯 접는다

유리차창 물방울은 미완의 수채화다
어젯밤 떨며 추던 전갈의 춤사위도
죽은 듯 음산한 도시 볼 수 없는 어둠이다

더 이상 갈 곳 없는 깊고 깊은 지하에서
하루가 숨 가빠도 복원되지 않는 시간
되돌아 다시 와 보면 서있는 자리 그 자리다

왕관의 눈물

나는 새도 떨어뜨린 서슬 퍼런 권세라!
무당벌레 한 마리 나무 밑둥 갉아 먹다
무게를 못 견딘 왕관 능소화처럼 떨어졌다

꼬리를 문 붉은 깃발 광장을 뒤흔들고
목이 갈린 함성, 함성 하늘가에 다다를 때
한 군중 흘리는 눈물 가슴팍이 아려온다

지진 地震

억장이 무너졌다, 벽과 벽이 갈라졌다
느닷없이 흩어지는 눈빛 총총한 축생들
허공을 움켜 쥔 채로 몸부림 치고 있다

천년을 호흡하다 무너져 내린 수막새
화염 속 불의 혀가 온 동네를 삼켰다
생목숨 칼처럼 할퀸 별도 없는 밤이다

지구 찾아온 별

숨죽이며 기다린 가슴 태운 진통 끝에
은하의 먼 곳에서 지구 찾은 힘든 여정
신화 속 여신 오시듯 사뿐히 찾아온 아나*

똘망 똘망 눈동자 반짝이는 그 광채
사그라다 대성당 첨탑 위 불빛 같고
싱그런 오월의 아침 갓 피어난 장미송이

보석상자 배에 품고 종횡무진 횡단하던
서울과 마드리드 아슬아슬 뒤뚱거린 몸
말 없는 신의 은총에 어머! 입을 다문다

* 아나 : 2018년 4월에 태어난 외손녀.

칼의 서슬

바람결에 흔들리는 녹슨 칼의 그림자
오랜 시간 무디어져 목검을 닮아간다
청동색 다 닦아낸 듯 햇빛 부신 봄날에

맨땅 위 주저앉아 차마 울지 못했다
산 자는 숨이 차고 죽은 자는 침묵으로
수척한 달빛 등지고 강물 홀로 통곡했다

입동이 다가오면 하얀 무채 꽃이 핀 듯
매시럽던 내 아우 손끝에서 춤추던 칼날
어둠을 벼리는 불꽃같이 그 빈자리 아리다

타오르는 불꽃

망망한 강 멀리 보면 멈춰선 화석 액자
가까이 다가서자 귓전 찢는 듯 소란하고
멈춘 적 없는 자전과 공전에 소멸된 시간

어제도 말랑거렸던 뽀시시한 피부 감촉
생의 한 복판 쉼 없이 허우적대던 온기는
잘 말린 육포처럼이나 장작불에 타 오른다

금지된 것을 소망하던 욕망의 재가 된 뒤
서러운 입술, 애절한 눈빛, 먼지로 흩날려
배고픈 짐승 요기될 갠지스 강물에 잠긴다

이방인

물에 뜬 기름처럼 서로 다른 사람들이
얼굴 붉힌 살풀이 춤 쓰러질 듯 이어져
응어리 토할 때마다 불빛 따라 흥분한다

닌데없이 군중 몰려 소라스런 광장에
짓밟힌 구두 한 짝 주인 잃고 나뒹굴어
뜯긴 채 추락한 날개인가, 흉물로 남았다

단절된 언어소통, 번역 안 된 외국어인가
오래된 동상마저 우울한 듯 웅크린 날
횡격막 여윈 틈새로 날 조이는 부정맥만

테슬라

기름도 운전자도 필요 없는 오토모빌
복잡한 뉴욕거리를 활보하며 달리고
인간의 무한능력에 세계인들 흥분한다

환경과 기업이익 두 마리 토끼를 잡는
거대한 새 지평이 활짝 열린 인공지능
상상의 세계가 현실로 무인자동차 달린다

인류를 향한 도전 보석보다 빛나는가
신비롭고 신기한 미래문명 펼쳐내는
머스크, 스티브잡스, 빌게이츠 미국을 끌고 간다

4부

아비뇽의 다리

자취 없이 꿈틀대는 전설의 도시 한 켠
나그네들 주고받는 허전한 눈빛 속에
검버섯 도지는 건물 그 위세에 전율한다

취기 오른 이방인들 흥청대는 길가에서
잘려나간 고흐의 귀 어디서 헤매는지
섬뜩한 뭉크의 절규 소름이 다시 돋고

천 년을 견디어도 돌은 그냥 침묵할 뿐
백년도 부르지 못할 우리들의 노래라니
아비뇽 끊긴 다리에 서성이는 나를 본다

청동의 도시

늘 도피를 꿈꾸듯 광기 어린 눈빛으로
딸의 친구도 꾀어내 뮤즈를 만든 남자
관능의 아름다움을 붓 끝에 녹여냈다

수많은 붓질 속에 뭇 여인을 탐닉했고
타인의 눈과 입에 무한히 자유로운 혼
큐비즘* 그림과 조각 움직이듯 숨을 쉰다

스페인 내란에 저항, 게르니카** 탄생했지
지중해 초록바다 흰 햇살 따라 가다
말라가***, 피카소 고향에서 짐짓 발을 멈춘다

---

*큐비즘 : 보이는 것을 그리듯 보이지 않는 것도 그리는 입체주의 그림이다. 피카소를 중심으로 발전한 예술운동. 2차 대전으로 주춤했다가 종전 후 피카소를 중심으로 다시 발전했다.
**게르니카 : 스페인 내전 당시 게르니카 지역의 전쟁참사를 큐비즘으로 그린 세계 걸작. 뉴욕현대미술관에 있다가 피카소의 유언에 따라 조국인 스페인으로 돌아와 현재 레이나소피아국립미술관에 소장되어 있다.
***말라가 : 스페인 남부의 해안 도시로 피카소의 고향인 예술의 도시.

바람소리

누가 바람을 만져 봤을까
꽃잎 저리 흔들리는데
절간 문설주에 놀던 박새

그 할딱거리는 가쁜 숨결
임종은 그렇게 다가와
바람 속으로 사그라졌다

씻김굿*

촉촉하고 따스한 입 차갑게 굳어간다
눈 감으소, 귀 막으소, 다 잊고 떠나시게
이승의 모진 업보를 모두모두 내려 놓소

처자식 연분 끊고, 부모 품 인연 끊고
동구 밖 친구 놓고 금은보석 비단도 놔
이 세상 질긴 연줄을 가차 없이 두고 가소

개똥밭에 뒹굴어도 이승이 훨 낫다 했나
천당이 좋다한들 갔다 온 자 있다던가
극락서 돌아온 자가 한 사람도 없잖은가

서럽고 허망한 길 가지 말고 같이 살아
머위나물 보리된장 슦음상추 먹어보세
처마 끝 낙수 물소리 얼마나 서늘한가

술 익고 달뜨는 마을 어찌 놓고 가려는가
하 많은 그 아픔을 내가 대신 울어주리
잘 가게, 구천을 지나 훨훨 날아 잘 가게나

* 씻김굿 : 전남 지방에서 볼 수 있는 죽은 자의 혼을 달래는 제례의 한 형식.

눈꽃

파도를 물고 뜨는 8월의 붉은 태양
뜨겁게 익는 것은 지상만이 아닐 테다
하얀 꽃 티우는 바다 폭염 하루 달군다

한 평생 일군 염전 아버지의 표상인 듯
옹이진 어깨 상처 훈장으로 다가오고
부서진 물결의 포말 종일 홀로 철석인다

붙박이 장롱처럼 삼대까지 밥줄이 된
젊은 날 그 허기가 메아리로 다가올까
빛바랜 가족의 앨범 눈꽃처럼 피고 있다

유월의 땅

총알도 바스러져 흙이 된 피아골에
소곤소곤 속살대는 제비꽃 어린 손이
아직은 냉기찬 바람, 얼부푼 저 꽃잎들

돌아보면 만져질 듯 따스한 그 온기를
끝끝내 외면한 부질없는 뉘 혈육인가
치매로 몸져 누우신 마른 풀 어머니 같은

유월 붉은 장미보다 짙붉은 목소리 뒤로
한 방의 총소리에 바람이 된 아들 얼굴!
무수한 별들 사이에 큰 별 하나 누워 있다

늦가을 점묘點描

투명한 유리창 속 교태로운 몸짓에도
관능을 잃은 여인 스타킹이 칙칙하다
스산한 덕수궁 뒷담길 담쟁이도 붉어지고

하루치 고단함이 구두 굽에 묻는 저녁
냉랭한 눈빛들이 도로 위를 배회하고
샹송의 아르페지오 낙엽처럼 구른다

옹색한 화단 한켠 노란 국화 시들 즈음
포장마차 연탄화덕 풍겨오는 비린 살내
바람에 저무는 가을 덧없이 사위어간다

배롱나무 꽃등

소리의 요정들이 모여 사는 숲 언저리
새벽 먼 강물소리 풀잎들이 살랑이고
온몸에 간지럼 타는 배롱나무 서있다

저만치 물러선 바람 덧니 살짝 보이면
처서 지난 하늘가에 수척해진 진분홍 꽃
큰길 옆 정원을 밝힌 불꽃놀이 장관이다

종갓집 늙은 종부 손끝 저민 제물처럼
나의 살 나의 뼈 꽃잎으로 돋아나면
한 백일 지등을 켜는 백일홍이 되려나

굴레

빛바랜 사진에서 울고 있는 나를 본다
꽃잎 져 흩날리던 시린 봄날 뒤안길에
덧없이 닳아진 지문 볼 붉혀 되짚는다

작설 잎 낙엽이 되는 삼대 기일 그 차례상
흘끔거린 어른 눈빛 떨린 손목 저려오고
유성우 쏟아지는 밤, 가슴에 돌 하나 묻는다

작파할까, 작파할까 보따리 싸다 다시 풀고
외면 못할 어린 숨결 모성이 족쇄였나
숨어서 적신 눈물 홍건, 부적으로 쌓인다

연어의 가을

노을빛 붉은 뱃살 터질 듯이 부풀린다
회귀의 꿈을 좇아 물살을 헤쳐 가며
날 세운 은빛 지느러미 여울을 차오른다

가쁜 숨 할딱이며 강바닥을 쓸고 쓸며
돌 틈에 알을 낳는 모정의 힘겨운 몸짓
마침내 다다른 고향 지친 몸을 누인다

살점 뜯긴 어미 두고 떠나가는 강물 너머
초승달 아스라이 흔들리는 불빛 따라
구절초 만개한 가을 한 세월을 묻는다

꽃의 비밀

억겁의 비와 바람 빗금으로 새겨 넣고
소금꽃 핀 앙금에도 몽실한 씨앗 하나
꽃들은 무슨 언어를 그 안에 감춘 걸까

간지러운 바람결에 한낮의 부신 햇살
스릇 고인 은하의 빛 이슬로 뿌려주면
기나긴 시간의 진액 다려내는 탕기湯器 같다

겨울의 막장 뚫고 솟아나는 푸른 결기
살 오른 햇살 안고 꽃샘추위에 맞서가며
어느 날 문득 터지는 저 황홀을 사랑하리!

마장동 불꽃놀이

춤추는 푸른 불꽃 그곳은 늘 타고 있다
간판 걸린 가게마다 매캐한 잉걸불이
아뿔싸! 살아있는 건 또 다른 살을 탐해

아롱사태 제비추리 현란한 이름으로
혀끝을 유혹하는 푸줏간 맛의 향연
저마다 힘줄 세우고 제 입술을 씹는다

선한 눈 껌뻑이던 어제의 축생들이
사람의 입속으로 오늘도 사라져가는
갠지스 불타는 강가 육신도 타고 있다

5부

알함브라 궁전

지상의 온갖 보석 눈 찌르는 벽과 천정
수천수만 석공 손톱 닳고 닳아 사포가 된
그 옛날 천년 무굴의 어린 왕비 흐느낀다

꽃무릇 빛깔처럼 신비로운 붉은 궁전
사이프러스 나무 향기 온 마을 휘감아도
핏자국 얼룩진 계단, 처연함에 숨막힌다

안개비 내려앉은 알함브라 슬픈 전설
억겁의 뒤안길에서 시린 가슴 저미는 건
너와 나 생의 모서리 서로 닮아 있음인가

마리 앙투아네트

지상의 그 무엇이 이보다 더 화려할까
허리를 조여 매는 보석벨트 비단드레스
한 시절 호사한 흔적 만져질 듯 다가온다

금식기 은쟁반에 깃털침구 휘어 감고
움직이는 혀끝마다 산해진미 탐식하던
교만한 인간의 극치 반증하는 거울의 방

무얼 그리 간구했나 부질없는 숨결 찾아
수 억겁 훌쩍 스친 시간의 뒤안길에서
지난날 조망해보는 허무 속에 내가 있다

인터라켄에 누워

흩어진 운무 사이 신비롭게 드러난 설산
흰 커튼 열고 보면 동화 속 그림 같은
사슴 코 붉은 지붕이 쌓인 눈을 녹인다

자작나무 페치카에 데워주는 와인 한 잔
풀냄새 진한 치즈 목젖을 울려올 때
싸르륵 쏟아진 별빛 어깨를 툭 치고 간다

매연과 미세먼지 답답한 도시를 벗어나
알프스 산정에서 굴레 아닌 굴레를 벗고
가만히 되짚는 일상 만년설에 묻는다

스페인 광장

오색종이 눈발처럼 풀풀이 날려가고
적요의 틈은 잠시 입맞춤에 젖어드는
설렘에 들뜬 이방인 낯선 거리에 서다

이끼 푸른 유리성 타오르는 불빛 속에
금발머리 나풀대는 탱탱한 무희들이
즐비한 노천카페엔 춤사위가 질펀하다

밤늦도록 떠밀리다 발목 시린 길가에는
고른 잇속 드러낸 채 미소 띤 아까시 꽃
고향집 뒤뜰에 서서 날 부르는 향수인가

쑥부쟁이

구절초 흐드러진 처서 지난 산자락에
윙윙대던 말벌 떼도 날개 접는 적막 속
홀연히 생의 조각보 이사 오듯 펼친다

온 가슴 에어오는 첫 아이 울음소리도
오색빛 찬란했던 젊은 날의 그 환희도
십자수 바늘땀 속에 새겨 넣은 시간들

고속촬영 한 세월을 되감듯 따라가면
동구 밖 느티나무가 엄마 음성 들려주고
달빛에 쑥부쟁이가 내 어린 날을 영사한다

도시의 황진이

청계천 물길 따라 도심의 송사리 떼
허공을 그러안고 활개 치는 은비늘처럼
가로수 푸른 이파리도 손뼉 치며 들렌다

이따금 건들바람 옷깃 스쳐 지나가고
뱀 무늬 스타킹이 관능스레 휘어 감긴
와인색 짙은 입술로 허전함을 감춘다

찻잔을 앞에 놓고 홀로 앉은 나른한 오후
두 눈에 불꽃 튀는 정념情念도 잠재우고
전갈의 춤 같은 사랑을 다시 갈망해 본다

밤에 우는 매미

일곱 해 어둠을 뚫고 땅 위로 나온 매미
무엇이 그리 서러워 칠 일간 우는 건가
여름날 열기 속에서 덧없이 애처롭다

며칠째 안개에 갇혀 녹물 흐르는 도시
잃어버린 햇빛 탓에 울지도 못했는가
가로등 불빛 껴안고 밤새도록 울고 있다

봄

금빛 햇살 머문 자리

이끼 마른 돌담마다

귀 기우리면 들리는가

봄이 탁! 터지는 소리

샛노란

복수초 꽃잎

얼음 하늘 털고 있다

봄, 길상사

뜨락에 흐드러진 노란 꽃잎 살짝 얼고
아직은 때 이른 봄, 잔 눈발 설레발에
여린 꽃 작은 잎새들 뭉개질까 조바심난다

길상사 곳곳마다 부리지은 개나리꽃
아찔하게 배어나는 여인의 체취처럼
그 향기 빛깔에 취해 나도 그만 주저앉고

흰 당나귀 그 사내는 이제 다시 볼 수 없고
백석白石의 나타샤도 어느 산골로 떠났는데*
애절한 범종소리만 산문 앞을 떠돈다

* 백석의 시 「나와 나타샤와 흰 당나귀」에서 차용.

혹등고래

빙점의 깊은 바다 온몸으로 부딪치며
파도마저 들었다 놓는 파장 긴 숨비소리
가슴에 허기를 묻은 혹등고래 울고 있다

끊길 듯 이어지는 저 통곡의 몸부림
애절한 목청 앞에 포구도 수런대고
베링 해 차가운 물살, 태평양 요동친다

집채만 한 몸집에도 서리태 닮은 두 눈
가면을 쓰지 않은 고 순한 인상 앞에
작살 든 인간의 혀끝 엘니뇨가 덮친다

타지마할

소름 오싹 끼치도록 새하얀 달빛 아래
천년의 강을 건너 춤추는 무굴 왕비
대리석 하얀 무덤이 궁전인 양 황홀하다

눈 덮인 마을처럼 부딪치는 빛과 빛들
바람결에 무딘 칼날 곧추세운 병사 하나
올 풀린 군화의 끈을 다시 조여 매고 있다

삶과 죽음 부질없고 시간마저 덧없는가
미라가 된 나의 육신 밤의 적막 그러안고
밀랍의 단추 채우듯 돌아갈 길 찾는다

무너지는 서녘

조각난 아스팔트 귓전 울린 드릴 소리
묵묵한 석공들 손길 하루를 쪼아댈 때
재개발 도시난민의 숨소리도 잦아진다

능소화 돌담 넘는 한여름 열기 속에
장대 지른 빨랫줄 기저귀 말리는 바람
툇마루 따가운 햇살 먼 메아리 실려온다

시멘트 정글로 떠난 누이 가족 짠한 얼굴
무너진 하늘 한끝 놀 쪽으로 등 돌리고
땅거미 지는 서녘에 흐릿하게 얼비친다

■ 자전적 시론

불을 끄면 시조가 뒤돌아보고

다시, 불을 켜야 한다

　시조는 단형이고 정형시이므로 겉으로 보기에 단순해 보이는데, 그 안에 깊은 우물처럼 함축적이고 많은 의미를 담을 수 있다. 그런 매력을 느끼며 시조를 만나게 되었다. 그러나 모든 글 쓰는 창작과정이 쉽지 않듯 시조 역시 단순하지 않았고, 쓸수록 어렵고 힘들게 느껴졌다. 말을 아끼면서 깊은 의미를 담아낸다는 건 얼마나 어려운 일인가.

　쓰고자 하는 강박감에 시달리며 책상 앞에 앉아 멍한 상태로 많은 시간을 날려 보낸다. 그렇게 엎치락뒤치락하다가 겨우 한 줄 끄적이고 하루가 가버린다. 그러면 이내 놓쳐버린 시간에 대해 안타까움을 느끼고 자책하게 된다. 하지만 내가 시조를 쓰지 않았더라면, 무엇을 하고 무슨 재미로 살아왔을까? 허무하고 관능적인 오늘의 현대사회를 어떻게 견뎌냈을까?

　손톱을 잘근거리며 스스로 되물어 보아도 시조 쓰기는 답이 없는 자신과의 싸움이다. 앞부분의 내용도 모르면서 심야

영화 중간 부분을 잠깐 들여다보다가, 모든 전등 스위치를 내리고 잠을 청한다. 눈꺼풀은 무거워도 달콤한 잠 역시 먼 하늘가에 있다. 시조가 뒤돌아보기 때문이다. 다시, 불을 켜야 한다. 시도 못 쓰고 잠도 못 자는 '불면의 밤' 연속이다.

 시조에 입문하고 강산이 한 번 뒤집혔다. 이제는 시조가 일상이 되어 주변의 친구들도 시조를 쓰는 동료들로 메워져 있다. 연락하고 연락이 오는 사람도 대부분이 시조를 쓰는 시인들이다. 좋은 시조와 그렇지 못한 시조를 보는 안목도 생겼고 또 시조를 쓰고 시조를 접하며 살 수 있다는 것이 얼마나 다행인가! 생각하며 스스로 자부심을 느끼기도 한다.

 주변 지인과 친구 중의 일부는 종교에 귀의하여 피정이다, 방생이다, 바쁘게 살아간다. 또 다른 부류는 여행과 쇼핑에 취해 둥근 지구를 돌고 도는데, 그들 역시 물질로 채워지지 않는 허무의 늪에서 허우적거린다. 이들에 비하면 시조를 읽고 작품을 쓰며 그 속에 빠져 있는 '나'는 참으로 큰 축복을 받은 것이 아닐 수 없다. 시조의 숨결과 시조의 향기 속에 허우적거리다가도 어느새 물장구를 치고 있는 나를 발견하게 된다.

 그러면서 묻는다. 나는 왜 스스로 고뇌의 늪에 빠져야 했나? 어차피 한번 사는 생生! 지구 위의 내 또래 수많은 다른 여인들은 그럭저럭 편하게 잘 살아가고 있는데 말이다. 자유시도 아닌 정형시를 쓰느라 때로는 자유롭지 못함을 느낀다. 시조 한 편을 마무리 짓고 나면 늘 다음 시조를 생각해야 했다. 그러나 이런 고민과 갈등이 오히려 나를 일상에서 자유롭게 만들어준다는 걸 깨닫는다.

좋은 시조를 발표하는 스승과 문우들을 보며 그러지 못하는 나의 부족함에 가슴이 저릿했음을 고백한다. 다들 자유자재로 몸을 부리듯 시조를 써서 세상에 내놓지만, 그 속내는 나와 대동소이하리라. 어쩌겠는가. 한번 들어선 길. 묵묵히 버티며 걸어가야 할 것이다.

시조의 가슴속에 함께 하는 밤

시조를 읽고 감상하다 보면 자연을 소재로 한 작품들이 많다는 걸 느끼게 된다. 특히 진경산수를 펜화처럼 섬세하게 그려낸 시조가 많아 어떻게 하면 기존의 틀에서 벗어나 새로운 내용의 시조를 쓸지에 대해 고심하게 된다. 그러던 차에 해외 주재 중인 자녀들의 거주지에 머물며 외국풍물을 관조하는 시조를 쓸 수 있는 기회를 맞게 되었다. 「아비뇽의 다리」, 「타지마할」, 「갠지스 강」, 「알함브라 궁전」, 「스페인광장」 등 세계 각국의 인종에 떠밀리고 발목이 부어도 머릿속에서는 언제나 시조를 쓴다. 사진 한 장 찍으면 그만인 세계의 관광지에서 그 풍경을 시조로 풀어 낼 수 있다는 것은 색다른 경험이며, 시조시인이 된 것에 대한 행복감을 맛보게 해주었다.

이렇게 만난 소재들은 어느 한순간에 뭉클한 느낌으로 다가오기도 하지만, 대개는 시적 대상의 이미지를 눈과 가슴에 그려 넣은 후, 형식에 얽매이지 않고 자유롭게 풀어 써본다. 그런 다음 정형시로 다듬는다. 보통 10여 장의 퇴고용지를 버린 후에야, 미완의 워드 작업을 하게 된다. 그 상태에서 2~3회 반복하여 수정해야 한 편의 시조가, 초고 상태의 시조가 탄생

한다. 이렇게 만나게 된 시조를 언제든지 꺼내어 보고 다시 가다듬는 작업이 이어진다. 그래야 나만의 색과 목소리를 응축한 한 편의 작품이 만들어지는 것이다.

의류제조업을 하는 친구가 세계 실絲쇼 참관 차 파리 출장을 다녀온 후, 나에게 이런 말을 했다. 붉은색만 300가지 색깔이 있더라는 놀랍고 신기한 얘기를 전했다. 그래? 그러게! 붉은색의 종류가 그렇게 다양할 수 있는 것처럼, 이 지구 위엔 70억의 사람이 살아가니 70억 개의 색깔이 있겠지. 비슷해 보여도 분명히 차이를 지니고 있을 300가지의 붉은색, 그 붉은색을 선택하는 인간의 취향도 다를 것이다. 그처럼 시조도 시인의 취향이 다름으로 각양각색의 시조가 탄생하게 된다. 그 속에서도 특별한 개성을 지니는 시조를 쓰기 위해, 오늘 이 밤에도 시조의 바다 속에서 시간을 보내고 있다.

누구나 좋은 시조를 쓰고 싶을 것이다. 그러나 생각대로 또 마음먹은 대로 써지지 않는 게 시인의 고민이고 고뇌다. 나는 시조가 잘 써지지 않을 때, 번잡한 마음을 다 비우고 시에만 몰두하기 위해 수도승 같은 마음 자세를 유지하려고 노력한다. 물론, 가족의 안위를 위해 가사노동도 해야 하고, 이웃과 더불어 살아야 하므로 공동체의 일에도 참여해야 한다. 이렇게 다양하고 많은 일에 에너지를 소진하게 되지만, 그렇다고 시조를 잊을 수는 없다. 바쁜 업무를 보는 가운데 늘 함께 있는 이가 있으니, 바로 시조이다. 나를 둘러싼 생활세계는 어김없이 시조에 녹아나게 된다. 중요한 것은 이를 가다듬는 마음 자세와 창작 태도일 것이다.

어떤 예술가도 어떤 창작인도 마찬가지겠지만, 그 예술 하나에만 몰두하는 일은 마치 무지개를 좇는 아이처럼 허망함을 주기도 한다. 시조라고 다르겠는가. 시조를 쓴다고 소득이 생기는 것도 아니고 누가 알아주는 것도 아니다. 애써 쓰고, 지우고 고민하지만 그 누구도 위안을 주지 못한다. 스케일이 크고 화려한 영화나 흥미진진한 TV 연속드라마, 그보다 더 가공할 만한 사건 사고 영상뉴스 등, 자극적이고 선정적인 주변 환경에 묻혀서 현대인은 시 한 편 읽을 여유가 없으며, 시에서 흥미를 느끼는 시간을 갖기 어렵다. 그러면서도 시조시인은 시조를 포기하지 못하고, 시조의 가슴 속에서 살기 위해 몸부림친다. 나 또한 양초의 날개를 달고 태양을 향해 날아오르는 시지프의 신화처럼 오늘 밤도 펜을 잡는다.

마주하고 있는 시조는

나의 졸작 「아비뇽의 다리」, 「광화문에서 길을 묻다」, 「천수만 청둥오리」를 거울처럼 들여다보려고 한다. 부끄럽지만 내게는 좀처럼 숭고한 순간이기도 하다. 몇몇 평자들의 말을 되새기며 마주하고자 한다.

조선일보 박해현 문학전문기자는 문화면(조선일보 2017. 06. 26)을 통해 나의 첫 시조집 『아비뇽의 다리』를 소개한 바 있다. '아비뇽의 다리'는 고요하고 아름다웠다. 내가 아비뇽에 도착했을 땐, 론 강(Rhone River)을 흐르는 황토 물길이 늦가을 따가운 햇볕 아래서 정적이 돌 듯 한적했다. 그리고 그때 받은 인상을 시조로 노래했다.

자취 없이 꿈틀대는 전설의 도시 한 켠

나그네들 주고받는 허전한 눈빛 속에
　　검버섯 도지는 건물 그 위세에 전율한다

　　취기 오른 이방인들 흥청대는 길가에서
　　잘려나간 고흐의 귀 어디서 헤매는지
　　섬뜩한 뭉크의 절규 소리가 다시 돌고

　　천 년을 견디어도 돌은 그냥 침묵할 뿐
　　백년도 부르지 못할 우리들의 노래라니
　　아비뇽 끊긴 다리에 서성이는 나를 본다
　　　　　　　　　　　　　　―「아비뇽의 다리」전문

기사의 내용을 일부 적어보면 다음과 같다.

　김윤 시인은 시조시인으로서는 보기 드물게 해외풍물을 자주 노래해 왔다. '천년을 견디어도 돌은 그냥 침묵할 뿐/ 백년도 부르지 못할 우리들의 노래라니/ 아비뇽 끊긴 다리에 서성이는 나를 본다'라며 끝나는 시조「아비뇽의 다리」를 시집 제목으로 삼았다. 수록작 중 3분의 1이 해외풍물을 다뤘다. 김 시인은 스스로 '국제 파출부'라고 했다.

　"아들이 총각시절 회사 인도지사에 근무할 때 잠시 찾아가서 청소해주다가 혼자서 여행을 다녔다. 딸이 스페인으로 유학 갔는데 그곳 남자에게 시집을 갔다. 딸네 집에 한두 달 가서 살림을 도와주다가 또 여행을 했다. 그러니 해외에서 시조를 건지게 됐다"는 것.

　김 시인은 "토속 풍경을 소재로 한 시조는 남들이 많이 쓰지 않느냐"며 "저는 관광기를 쓰려고 한 게 아니라 이국 풍물을 시조의 형식에 담아 남다른 작품을 쓰고 싶다"고 신예 시인답게 말했다.

   그녀는 "작품이 더 쌓이면 딸을 시켜 제 시조를 스페인어로 번역해 현지에 소개하고 싶다"는 포부도 밝혔다.

   시조를 읽고 창작활동을 하는 동안에 나는 시인이다. 그렇지만 생활인으로서의 나는 아이들의 엄마이기도 하다. 그러므로 자녀의 생활에 영향을 받지 않을 수 없다. 나의 두 자녀는 모두 외국 생활을 하고 있다. 그러다 보니 자연스럽게 외국의 풍물을 접할 기회가 다른 사람들보다 많은 게 사실이다. 근데, 외국에서의 낯선 풍경과 이색적인 문화는 나를 다른 곳으로 이끌었다. 그리고 시인의 자세로 고쳐 앉아 견문과 감상을 시조 속에 담게 되는 것이다. 다른 언어로 시조를 번역해 현지에 소개하고 싶다는 욕망은 시조의 세계화를 꿈꾸며 자연스럽게 갖게 된 포부였다. 내가 아닌 다른 시인이었다 해도 그런 욕망을 품었을 것이다.

   이 시기에 쓴 시조에는 일기처럼 「시작 노트」를 남겼다. 「아비뇽의 다리」도 그랬다.

     해마다 6월이면 열리는 아비뇽연극제
     피카소의 관능적인 그림 아비뇽의 여인들
     고흐가 붓끝으로 찍은 아비뇽의 다리
     아비뇽이라는 이름이 낙엽처럼 도처에 밟히는 작은 마을은

오랜 시간 속에서 긴 이야기를 간직하고 있었다.

사람들은 왜 아비뇽까지 멀고 긴 여정을 함께 하는가?
끊어진 미완의 다리를 만나는 순간 허듯한 자신(나)을
위안 받고 싶어서인가?

움추린 겨울 속에서 화사한 3월의 봄을 기다리며
대지를 싹틔울 봄비를 갈구했지만 잔인하게도
저수지 밑바닥까지 거북이등처럼 갈라지다
7월이 돼서야 장마 속 물 폭풍을 만나야 했던…
가뭄의 완판처럼,

그렇듯 우리들의 생生은 인내와 노력과 상관없는 삶의 연속이다.
―「나의 시작 노트」 중에서

 아비뇽의 다리에서 생生을 생각했다. 내가 항시 머무르고 있던 곳에서 빠져나와 전혀 다른 곳에서 나를 돌아보니 나의 생生이 오히려 생생하게 느껴졌다. 늘 자리하고 있던 서울도 아비뇽도 모두 봄비를 갈구하지만 여름이 되면 폭풍을 다시 만나는 것처럼, 나는 언제나 쉽게 닿지 않는 희망과 평화를 갈망하며 산다. 그러나 사실은 알고 있다. 그것이 모두 닿기 어려운 어디 먼 곳에 있다는 걸. 그래서 우리들의 삶은 인내와 노력과 상관없는 갈등과 고뇌의 연속이다. 그것이 생이라고 생각했다. 그렇게 시집 『아비뇽의 다리』가 세상에 나왔다.
 다음으로 마주하게 되는 작품은, '나'라는 넓지만 좁기도 한 공간을 벗어나서 광장으로 나아간다. 그리고 어디에서나 그랬던 것처럼, 또다시 '봄빛'과 같은 아름다운 세상에 대한 희망을 가져보는 것이다. 그런 행위는 선명한 현실을 배경으로 두고, 어김없이 아픔을 동반한다.

 부르튼 발목으로 아스팔트 서성이다
 나목마저 불꽃 감은 용궁 같은 광화문
 만 갈래 빛의 미로에서
 문득 길을 잃었다

 흙먼지 낙진처럼 흩날리는 골목 어귀
 놓쳐버린 길목에서 시들부들 녹슬다
 줄줄이 삭아 내리는
 철문 같은 나를 본다

 젖은 구두 말려줄 바람이 눈 뜨는 거리
 세종로 후미진 길 마른 숨을 고르며
 반갑게 꽃잎 물고 올
 봄빛 삼가 기다린다
          —「광화문에서 길을 묻다」 전문

「광화문에서 길을 묻다」는 〈가슴으로 읽는 시조〉(조선일보, 2017.1.6.)에서 정수자 시인이 소개한 바 있다. 정수자 시인은 시집 해설에서도 이 작품을 인용하며 다음과 같이 썼다. 시조를 발표할 당시, 나의 시작 의도를 잘 반영한 해설이기에 이 지면에도 옮겨 본다.

 이 시조의 제목을 현 시대상의 한 압축으로 읽어도 좋을 것이다. 우리가 광화문에서 수없이 외치고 부르고 기다린 것은

'봄' 그것도 정말 '봄다운 봄'이다. 그동안 '봄이 와도 봄 같지 않은 봄[春來不似春]'이라고 얼마나 자주 한탄했던가. 그 표현을 해마다 상투적으로 쓰면서도 그럴 수밖에 없는 시절을 너무 오래 건너왔다고들 끄덕일 것이다. 그럼에도 작년 겨울부터는 국민적 분노와 저항을 불러일으킨 일로 촛불이 주말마다 모이며 광장이 또 유례없는 뜨거움으로 불타올랐다. 그런 한가운데를 돌파라도 한 듯 시인은 "만 갈래 빛의 미로에서/문득 길을 잃었다"고 한다. 물론 "놓쳐버린 길목에서 시들부들 녹슨" 것이 자신의 몫이듯, 헤쳐 나가기 위해 찾아야 할 문 역시 각자의 몫이라고 할 수 있다. 그곳을 지나던 시인의 생각들이 자연스럽게 소망으로 이어진 지극히 개인적인 성찰의 구절로 볼 수도 있는 것이다.

 그해 겨울바람도 매서웠다. 사람들은 얼마나 봄을 애타게 기다렸던가. 우리는 빛의 미로에서 길을 잃은 것처럼 느껴졌다. 하지만 점점 밝아지는 빛은 이내 우리가 갈 곳을 안내하고 있었다. 그 가운데는 나도 있었다. 그때는 나 역시, 세종로의 후미진 길에서 마른 숨을 고르며, 정성을 다해 반갑게 꽃잎 물고 올 봄빛을 기다렸다. 물론, 아비뇽에서 생각했던 것처럼 우리들의 생生이 인내와 노력과 상관없는 갈등과 고뇌의 연속이라는 진실을 안다. 그렇지만 봄빛을 기다리는 마음은 우리를 어둠보다는 밝은 빛으로 이끌어 줄 것을 믿는다. 영원한 봄빛 속에서 살 순 없더라도 우리가 그 지향점을 향해 걷는 동안, 마음은 봄빛의 언저리에 가 있을 것이다. 많은 사람이 그런 마음이라면 그야말로 반갑게 꽃잎 물고 올 봄빛이 아닐까.

다음 작품은 내가 시조시인이 될 수 있도록 내 삶에 봄빛을 가져다 준 시조, 「천수만 청둥오리」이다. 어느 시인에게나 그런 작품이 있다. 잊지 못할 시작을 선물하는 가슴 뭉클한 작품, 나에게는 「천수만 청둥오리」가 그러하다.

    지축을 뒤흔드는 수만 개 북 두드린다
    오색 깃발 나부끼는 천수만 대형 스크린
    지고 온 바이칼호의 눈발 털어놓는 오리 떼

    아무르강 창공 넘어 돌아온 지친 목청
    오랜 허기 채워 줄 볍씨 한 톨 아쉬운데
    해 짧아 어두운 지구 먼 별빛만 성글어

    민들레 솜털 가슴 그래도 활짝 열고
    야윈 목 길게 뽑아 힘겹게 활개 치며
    살얼음 찰랑 가르고 화살처럼 날아든다
                                  —「천수만 청둥오리」 전문

이 작품은 2013년 '경상일보 신춘문예'에 당선되면서 세상에 나왔다. 그간 공들여 온 시조 쓰기에 결실을 얻게 된 순간이었다. 그 당시 심사를 하셨던 유재영 시인은 심사평에서 "모든 시는 투명한 비유와 심도 있는 상징, 그리고 정확한 언어 선택에서 완성도가 결정된다. 「천수만 청둥오리」의 첫째 수와 셋째 수에서의 밀도 있는 표현과 뛰어난 언어 감각은 천수만 청둥오리 떼가 눈앞에서 한 폭의 진경산수처럼 펼쳐졌다.

새로운 언어에 대한 인식과 자기 나름의 시적 개성에 충실한다면 앞으로 우리 시의 영역확대에 당선자의 역할을 기대해도 좋을 것"이라고 언급하였다.

  그 기대에 부응하기 위하여 오늘도 시조의 가슴 속으로 들어간다. 살얼음을 가르고 화살처럼 날아드는 천수만 청둥오리처럼 힘차게 활개 치며, 시조와 함께 하는 나날을 이어가고 있는 것이다. 그리고 불을 끄면 뒤돌아보는 시조를 만나기 위하여, 나는 오늘도 다시 불을 켜야 한다. 내 삶이 되어버린 시조는, 영원히 아끼고 사랑해도 나를 떠나지 않는 동행자가 되어 줄 것이다.

■ 연보

· 본　명 김윤희(金允姬).
· 1948년 1월 14일 서울에서 출생.
· 1969년 2월 중앙대학교 예술대학 문창과 졸업.
· 1974년 4월 平山申氏 10대 宗孫 申由燮과 결혼.
· 1976년 8월 첫아들 載浣 출산.
· 1982년 1월 첫딸 載涓 출산.
· 1992년 3월 서대문구청 주최 주부백일장 산문부 장원.
　　　제목 - 「독립문」
· 1994년 5월 서울시 주관 여성백일장 산문부 장원.
　　　제목 - 「5月의 하늘」
· 2009년 10월 시조시학 신인상 수상.
　　　수상작 - 「광화문 진달래」
· 2013년 1월 경상일보 신춘문예 시조 당선.
　　　당선작 - 「천수만 청둥오리」
· 2017년 6월 시조집 『아비농의 다리』 출간.
· 2017년 12월 충남시인협회 충남문학 작품상 수상.
· 2019년 현재 (사)열린시조학회 이사.

우리시대 현대시조선 124

아무르 강

초판 1쇄 인쇄일 · 2019년 11월 04일
초판 1쇄 발행일 · 2019년 11월 13일

지은이 | 김윤
기　획 | (사)한국문화예술진흥협회, 한국시조문학관
펴낸이 | 노정자
펴낸곳 | 도서출판 고요아침
편　집 | 김남규, 이광진, 이세훈, 정숙희

출판 등록 2002년 8월 1일 제 1-3094호
03678 서울시 서대문구 증가로 29길 12-27 102호
전화 | 302-3194~5
팩스 | 302-3198
E-mail | goyoachim@hanmail.net
홈페이지 | www.goyoachim.com

ISBN 979-11-90047-67-8(04810)
ISBN 979-11-90047-41-8(세트)

*책 가격은 뒤표지에 표시되어 있습니다.
*지은이와 협의에 의해 인지는 생략합니다.
*잘못된 책은 교환해 드립니다.

ⓒ 김윤, 2019